AF475387

NOTICE HISTORIQUE

SUR LE

DOCTEUR ROUGIER

PAR

M. P. DIDAY.

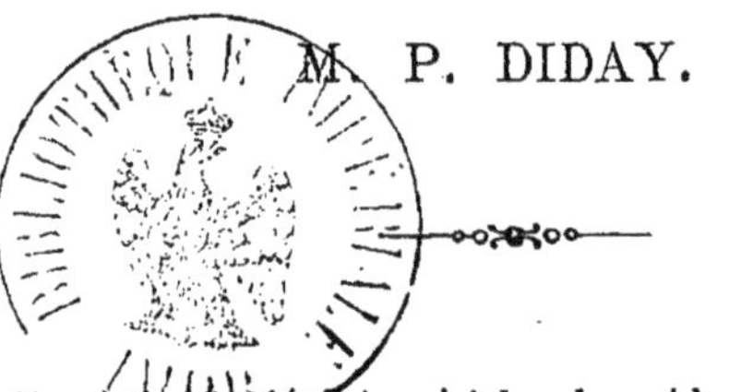

(Lu à la Société impériale de médecine de Lyon).

LYON
IMPRIMERIE D'AIMÉ VINGTRINIER
Rue de la Belle-Cordière, 14
1864

NOTICE HISTORIQUE

SUR LE

DOCTEUR ROUGIER

L'hommage que vous rendez à la mémoire de vos illustrations éteintes est toujours ratifié par l'opinion. Mais, dans l'enceinte où je parle, cet hommage ne réveille pas toujours le même écho. Parfois celui que nous glorifions a suivi une autre voie que notre uniforme sillon. Comme Terme, Prunelle, Dupasquier, il a trouvé dans les luttes de la presse, dans les triomphes de la chaire, dans l'éclat des découvertes ou des services publics, les éléments principaux de sa réputation ; et sa vie, qui ne s'est qu'incidemment rapprochée de la nôtre, nous donne à peine un prétexte pour enrichir de son nom notre légende de famille.

La carrière que je vais retracer ne vous prépare aucune surprise de ce genre. Rougier nous appartient tout entier ; nous le réclamons sans partage. La Société de Médecine, à qui il consacra ses plus nobles efforts, à la prospérité de laquelle il voua quarante années de son existence, n'a vraiment qu'à feuilleter ses archives pour y trouver l'éloge de celui en qui elle aimait à se personnifier. Résumer cette vie en quelques mots simples, pour être dignes d'elle, c'est sans doute proposer à tous un modèle, mais c'est avant tout, pour nous, remplir un devoir. N'est-ce pas ici où il servit, que doit être donnée à ses services leur meilleure récompense, la seule qu'il eût ambitionnée, leur peinture fidèle !

Et à qui, Messieurs, si j'ose le dire, à qui, mieux qu'à moi, pouvait échoir une pareille tâche ; à moi qui l'eus pour collègue presqu'aussitôt que je l'eus pour confrère ; à moi dont le plus beau titre sera de lui avoir succédé ; à moi qui, depuis quinze ans, n'ai pas, dans notre Compagnie, fait partie d'une seule commission importante, sans que votre suffrage intelligent, nous le donnant pour guide, ne m'ait mis à même d'apprécier ses intentions par ses actes.

Louis-Auguste Rougier naquit à Lyon, le 28 décembre 1792. Après avoir terminé des études scolaires exceptionnellement fortes, dont j'ai retrouvé le souvenir encore vivant parmi ses contemporains, il entra à l'Hôtel-Dieu comme élève externe, sous la direction de Viricel. En 1810, à 18 ans, il était nommé interne.

Les événements militaires de cette époque brisèrent plus d'une vocation. Avec moins de volonté, Rougier eût pu voir la sienne atteinte. Mais l'indépendance que nous donne la carrière médicale, Messieurs, nous en jouissons, heureux privilége ! dès son début. Aussi, appelé sous les drapeaux en 1812, Rougier put continuer ses études tout en obéissant à la loi. Grâce à son excellente éducation pratique, il obtint presque sans retard, le 9 août de la même année, son brevet de chirurgien sous-aide.

Dès les premiers mois de 1813, le régiment auquel il était attaché fut compris dans le corps d'armée que Napoléon commandait en personne. Notre collègue prit ainsi part à la campagne d'été de 1813. Il assista aux batailles de Lutzen et Bautzen, et entra à Dresde avec le maréchal Gouvion Saint-Cyr.

Après la glorieuse mais meurtrière victoire de Dresde, l'hôpital de cette ville était encombré des malades, des blessés et des mourants des deux armées ennemies. Le jeune sous-aide s'y fit remarquer par un labeur incessant de jour et de nuit, jusqu'au 11 novembre, où la ville fut assiégée par l'armée autrichienne.

La garnison française, amoindrie par l'effectif que Napoléon avait dirigé sur Leipsick, fut contrainte de capituler. Le maréchal Gouvion Saint-Cyr avait stipulé que ses soldats et officiers auraient le droit de rentrer en France, à la condition de ne servir qu'après échange; mais cette condition resta inexécutée : la garnison fut déclarée prisonnière, et un certain nombre d'officiers et de chirurgiens furent emmenés et internés dans diverses villes de l'Autriche.

Rougier fut conduit à Pesth, en Hongrie, où il obtint par faveur la permission de garder son épée. Il y resta jusqu'à l'échange des prisonniers, après le traité de Paris, et revint en France, en septembre 1814.

Pendant son séjour à Dresde, il avait reçu du colonel du 39e de ligne une lettre des plus flatteuses lui annonçant officiellement qu'il était désigné pour la croix de la Légion-d'Honneur, à raison de son dévouement, tant sur le champ de bataille de Dresde que dans les hôpitaux de cette ville.

De retour en France, ses études terminées et son diplôme obtenu, nous retrouvons presqu'aussitôt Rougier parmi nous, car c'est en 1820, à 28 ans, qu'il fut reçu membre de la Société de Médecine.

Dès qu'elle eût pu apprécier le zèle et le mérite de son nouveau collègue, notre Compagnie l'attacha à ses travaux, disons mieux, se l'attacha à elle-même d'une manière de plus en plus intime. Nommé secrétaire-adjoint selon l'usage, il fut, contre l'usage, maintenu quatre ans dans ces laborieuses et si utiles fonctions.

En 1833, il succéda à Dupasquier dans la place de secrétaire-général, et les suffrages de ses collègues l'y conservèrent pendant la durée exceptionnelle de quinze ans. Honneur considérable pour celui qui obtint ce titre, Messieurs; mais honneur aussi — permettez à son apologiste d'être en ce moment le vôtre, — honneur aussi pour ceux qui le décernèrent. En effet, dépositaire de vos traditions, votre secrétaire-général peut beaucoup par le conseil; mais il ne peut que par le conseil. Le réglement qui lui donne voix consultative dans toutes vos délibérations importantes a sagement réservé au président le droit de direction.

La grande qualité de ce fonctionnaire, son premier devoir est donc d'être — permettez-moi le mot, sa réhabilitation commence, ce me semble, et je me féliciterais d'y pouvoir concourir, — son premier devoir est d'être *parlementaire*, c'est-à-dire d'obéir complètement, sincèrement au vote de la majorité. Or, entier, rigide, opiniâtre dans ses jugements, Rougier semblait, au premier abord, l'homme le moins fait pour céder à une argumentation ; et la discussion le trouvait, en général, inébranlable jusqu'au bout. Mais vous aviez reconnu, Messieurs, l'abnégation de sa franchise, le désintéressement de son obstination ; et si je vous félicite d'avoir maintenu pendant quinze ans la parole à ce sage mais parfois un peu rude conseiller, je dois le louer à son tour, lui, de n'avoir jamais, pendant une aussi longue carrière, dévié de ces deux principes régulateurs : libre concours au débat, soummission entière à l'arrêt.

Sa docilité aux ordres du scrutin était absolue ; mais, quand il s'agissait de lui-même, cette docilité allait jusqu'au scrupule. Dans une compétition ardente pour la présidence, nous le vîmes refuser, malgré toutes les instances ; la place donnée par une majorité selon lui trop faible, et ne se rendre que lorsqu'un second vote plus décisif fût venu rassurer sa délicatesse.

L'intervention d'un tel esprit, d'un tel caractère dans la marche d'une société savante, n'est pas de celles qui se décrivent dans tous leurs détails. Mais il n'est, on peut le dire, aucun de nos collègues qui en ait perdu le souvenir, comme il n'est aucun de nos travaux qui n'en porte l'empreinte. J'aurai l'air d'avancer un paradoxe, mais je ne dirai que la stricte vérité en affirmant que Rougier était, par le fait, le plus conciliant de nos fonctionnaires ; conciliant non comme un médiateur, mais comme un arbitre. Il faut à cette place, Messieurs, un homme dont l'équité soit non-seulement réelle, mais notoire ; que l'on sache désintéressé entre les doctrines et entre les personnes; qui, avec le sens ouvert pour saisir toutes vos idées, ait le consciencieux, l'instinctif désir d'en faire ressortir la valeur. Et quand cet homme a lui-même fait preuve d'originalité dans ses écrits; quand par sa vive et sûre perception des choses littéraires et scientifiques, il a été jugé digne d'occuper une place élevée dans notre premier corps académique, ne vous étonnez pas de l'influence qu'il exerce au milieu de rivalités incessamment rappelées à la modération par le spectacle de son impartialité; et ne vous étonnez pas non plus des développements que je donne à un pareil portrait. Ce portrait ne saurait être mieux qu'ici à sa place; car il est à la fois celui de Rougier et celui du successeur que, dans quelques mois, vous aurez à lui donner.

Peu de modèles seraient dignes de justifier une pareille peinture. Avec Rougier, on n'a qu'à choisir parmi les exemples propres à en démontrer la parfaite ressemblance

L'activité est une qualité toujours louable, même quand elle a l'ambition pour stimulant, la gloire pour but. Mais ne s'élève-t-elle pas à la hauteur d'une vertu lorsqu'elle ne se propose d'autre objet que de mettre en relief le mérite d'autrui ! Rougier fut un modèle de cette abnégation. Lorsqu'il prit le siége de sécrétaire-général, Messieurs, notre Société, sans journal, sans annales, n'avait pour expression de ses actes que des comptes-rendus bis-annuels. Ceux de 1836 et de 1838, dus à sa plume infatigable, représentent chacun un volume de plus de 200 pages. Ils embrassent, et résumés avec les détails les plus propres à en reproduire la substance et l'intérêt, non-seulement les travaux lus en séance, mais les discussions, les envois de nos correspondants, les rapports des commissions, la situation, l'influence, l'esprit et jusqu'aux aspirations de la Société. Nous n'avons pas sans émotion remarqué, dans la *Revue* de 1838, un mot, une espérance sur la fondation parmi nous d'une Société de prévoyance et de secours. Cette institution où Rougier devait trouver son honneur suprême, la dernière illustration de ses cheveux blancs, avait donc été déjà la préoccupation de son âge mur !

L'influence qu'il exerça sur l'essor parmi nous de l'esprit de progrès fut incontestable. J'ai entendu raconter à l'un de nos plus chers vétérans que, de son temps, période accidentelle de décadence, huit ou dix collègues formaient bien souvent, dans notre Société, toute l'assistance ; que plus d'une fois on fut obligé, le procès-verbal lu, de lever la séance faute de membres. Rougier n'était pas homme à laisser prolonger ce sommeil. Par les armes les plus académiques, mais les plus acérées, il eut bientôt remis le travail en honneur, réchauffé le zèle attiédi, ravivé, en prodiguant son intervention personnelle, le feu des discussions, et rendu à nos débats une animation qui ne devait plus que grandir.

Puis lorsque, en 1842, la Société, sur sa proposition, se décida à publier mensuellement ses travaux, il fut pendant six ans le rédacteur en chef de ce journal dont, sous sa direction, le succès balança celui de plus d'une feuille datée de la capitale, et qui ne cessa de paraître que par suite des événements et des absorbantes préoccupations politiques de 1848.

Le cœur, chez Rougier, ne fut inférieur à aucun des autres dons naturels. Lisez les éloges de Pichard, de Chervin, de Bouchet, de Pravaz. Pour ces modèles de choix — et qui de nous ne choisit les siens ? — l'âme du panégyriste entre en pleine communion avec celle de son héros. Plus il les avait discutés pendant leur vie, plus il paraît vouloir se dédommager en épanchant sur leur tombe les trésors d'une sensibilité qu'on s'étonnait presque de trouver si profonde. A la mort d'un de ses intimes, du docteur Morel, son émotion lui inspira des accents d'un pathétique tellement vrai, qu'un homme nouveau en quelque sorte se révéla à mes yeux dans l'ami qui se réservait ainsi pour ceux dont il ne pouvait plus rien attendre que l'honneur de servir de parrain à leurs œuvres, à leurs enfants de second père. De ce jour, Messieurs, je commençai à percer le voile sous lequel notre collègue aimait à s'isoler. De ce jour, toutes les fois que nos mains se rencontrèrent, il me sembla qu'elles se serraient dans une plus chaude étreinte !

Médecin de l'Hôtel-Dieu, notre confrère, malgré le soin religieux qu'il apportait à l'exercice de ces fonctions, ne multiplia pas les publications auxquelles aurait pu donner lieu son esprit d'observation. Cependant, ses recherches sur le *traitement de quelques maladies nerveuses par la morphine et la strychnine*, sont restées comme le tribut le plus propre à faire juger, par un service réel rendu à la science, de l'étendue et de l'élévation de son talent investigateur. Des faits nombreux qu'il cite, ressort d'abord, mieux établi et mieux précisé, le pouvoir curatif soit de l'un, soit de l'autre de ces deux sels, dans tels ou tels états pathologiques bien déterminés. Mais il en résulte surtout ce fait, aussi intéressant pour le physiologiste que pour le praticien : que l'usage interne de la strychnine, selon qu'il imprime au membre précédemment atteint de névralgie, des secousses *douloureuses* ou *non douloureuses*, dénote, dans le premier cas, que la névralgie récidivera, dans le second, qu'elle est éteinte sans retour.

L'efficacité presque spécifique de la strychnine contre les affections choréïques, dont, grâce à Rougier, la médecine lyonnaise peut s'honorer comme d'une découverte, a depuis lors pris rang parmi les grands faits thérapeutiques dont les plus hautes célébrités, dont le professeur Trousseau entr'autres, se plurent à reconnaître la portée dans les termes les plus flatteurs pour l'ingénieuse initiative de notre collègue.

L'ensemble de ces rares et précieuses qualités, valut à Rougier la plus haute distinction dont l'un de nous ait jamais pu s'honorer. Pour ses services exceptionnels vous voulûtes une récompense exceptionnelle. Il ne demandait rien; mais vous, Messieurs, vous demandâtes pour lui. En 1845, une pétition signée des membres du bureau, au nom de la Société tout entière, lui fit obtenir la croix d'honneur; et ce ruban, but suprême de tant de convoitises, il pouvait le porter partout avec fierté, car vous en aviez doublé le prix en lui donnant, par vos suffrages, sa signification véritable.

Mais la haute estime que ses travaux lui avaient conciliée valut à Rougier quelque chose de mieux que des distinctions ; elle lui procura l'occasion de les mériter davantage. Successivement président de notre Société, président de l'Académie des sciences, belles-lettres et arts de Lyon, premier médecin de l'École impériale vétérinaire, président du comité médical du dispensaire général, président du comité de vaccine, président du conseil d'hygiène, président de l'Association de prévoyance des médecins du Rhône, on voit quelle place la science tenait dans ses fonctions presque toutes gratuites, presque toutes dues au choix de ses confrères.

Si, tant de fois Rougier fut nommé président, c'est qu'il comprenait, c'est qu'il savait accomplir les obligations de ce rôle. Diriger le débat est quelque chose sans doute : mais le provoquer, l'animer, utiliser l'aptitude spéciale de chaque membre en vue de la solution ; puis, une fois que cette solution se dessine, s'y soumettre quelque opposée qu'elle puisse être à votre sentiment personnel ; savoir, par de sages tempéraments, lui concilier d'avance non-seulement l'obéissance de fait, mais le respect sincère, de telle sorte que, une fois prononcée, tous l'acceptent sans croire la subir, voilà une partie des qualités que l'exemple de Rougier me donne occasion de louer, non comme un type abstrait, mais comme la caractéristique de plus de l'un des présidents dont nos assemblées confraternelles aiment à garder le souvenir.

De tous ces titres, le plus cher à son cœur, était celui qui, à la tête de l'Association de prévoyance, lui permettait de pourvoir au bien être, et surtout au maintien, intùs et extrà, de la dignité du corps médical. L'Association à la mort de son vénéré fondateur, du docteur de Polinière, n'hésita pas un instant sur le choix du successeur qu'elle allait lui donner. Déjà désigné par le vote sans partage qui antérieurement l'avait appelé à la vice-présidence, Rougier devint bientôt notre chef acclamé.

Ce n'est pas sans raison que l'Œuvre avait compté sur lui. Toujours prêt, dans les occasions solennelles, à la représenter avec la gravité simple et vraie de l'homme de bien, il nous était surtout utile dans les réunions de la Commission générale : dans ces conseils de famille où, conciliants sans faiblesse, nous veillons, sentinelles avancées, pour notre corporation; jaloux au même degré d'assurer ses droits trop souvent méconnus et de faire en sorte qu'elle s'en montre toujours digne par le scrupuleux accomplissement de ses devoirs.

Tour à tour protecteur dévoué et censeur paternel, jamais Rougier ne dévia, et jamais il ne laissa aucun de nous dévier de cette voie. Son œil expérimenté prévoyait le moindre écart; sa parole respectée, signalant les limites où nous enferme le Code, montrait le danger d'une impatience trop légitime pour ne pas être parfois encline à se croire légale, et savait, tout en encourageant les résistances permises, nous ouvrir la perspective d'un meilleur avenir. — Notre président n'est pas mort tout entier, Messieurs. Sa voix aimée, son langage à la fois énergique et modérateur, ne retentissent-ils pas encore à vos oreilles toutes les fois que nous avons à réclamer les conseils de son fils, de celui qu'il avait en quelque sorte voué, dès le début de sa carrière, à notre Association naissante : lien touchant que ni le zèle de notre cher Mentor, ni la reconnaissance de ses obligés ne laisseront relâcher, et qui, réunissant les deux professions, les deux familles en une, maintiendra pour toujours le nom de Rougier inscrit au livre d'or de la médecine lyonnaise !

Les actes philanthropiques tiennent une large place dans la vie de Rougier. Mais jamais, à côté des intérêts des malades, il n'omit de veiller aux droits des médecins. Chargé en 1850, avec Brachet et de Polinière, de l'organisation du service médical dans la Société de secours mutuels des ouvriers en soie, ce qui le préoccupa surtout fut le soin de sauvegarder la dignité professionnelle dans toutes les circonstances où elle pourrait être menacée. Maintes fois, il signala avec force à la commission administrative de l'Œuvre, le danger de l'autorité excessive que les réglements attribuent à cette commission sur le personnel médical. Mais, craignant avant tout d'être impuissant à protéger ses confrères, il n'hésita pas, ainsi que ses deux collègues, à se démettre de ses fonctions.

Quand le médecin réclame, en effet, et alors même qu'il semble réclamer pour lui, c'est toujours dans l'intérêt de la société. Cette vérité, déjà prouvée par tant de services, aurait-elle besoin, pour passer à l'état de démonstration, d'être prouvée par de nouveaux malheurs? C'est ce qu'on ne doit que trop appréhender en voyant l'obstination avec laquelle elle est méconnue, même au sein des classes dites intelligentes. Rougier eut plus d'une occasion de l'apprendre dans l'exercice de ses fonctions médico-administratives. Nommé, en 1851, membre du Conseil d'hygiène et de salubrité, et immédiatement élu président par le vote de ses collègues, il consacra à cette œuvre de médecine sociale les fruits de son expérience, et aussi et surtout les inspirations d'un esprit aussi équitable qu'indépendant. Là, il put, à chaque instant, sous toutes les formes, constater les barrières que l'intérêt personnel, qu'un mercantilisme effréné, que d'éminentes et éminemment honteuses influences amoncèlent, en matière d'hygiène publique, sur la route du progrès. Ces barrières, il travailla résolument, à les écarter ou à les tourner. Son intégrité notoire, l'austère amour de la justice, qui rayonnait de son expressive figure, lui rendaient cette tâche plus facile. Il n'y réussit pas toujours sans doute. Mais ses efforts éclairés, sa résistance à toute tentative d'intimidation ou de séduction, de quelque part qu'elle vînt, resteront comme une des traditions les plus dignes et les plus sûres de faire loi au sein de ce Conseil où, jamais d'ailleurs il ne trouva, dans ses collègues, que des émules en fait d'intégrité et de dévouement à la chose publique.

Les fonctions de cet ordre, Messieurs, nous captivent par un charme spécial, je pourrais dire par une attraction providentielle. Entre le médecin parvenu à l'apogée de son savoir, de son expérience, et le poste où il peut utiliser, au service de la société, cet acquit précieux, il existe réellement, nous le sentons, vous le sentez tous, il existe cette affinité réciproque que les théories chimiques supposent entre tels et tels corps. Pour moi, je le déclare franchement, nulle part le type de l'économiste charitable ne m'apparaît plus rapproché de son idéal que chez le médecin dans la maturité de l'âge. Il connaît, il a vu dans leurs effets et dans leurs causes, les deux grands dissolvants de l'homme moral et de l'homme physique : l'ignorance et la misère. Cent et cent fois, l'humanité a posé devant lui dans un de ces moments où elle est intéressée à ne voiler aucune de ses nudités. Libre des soins qui tourmentent le début de la carrière, il est assuré et il est content de sa modeste aisance, due au travail. D'instinct, il se sent porté à voir les choses de plus haut; à rechercher, au-delà des causes efficientes ou prédisposantes des maladies, leurs causes sociales; à s'unir, lui qui sait, à ceux qui peuvent, pour travailler ensemble au bonheur du peuple. C'est là chez nous, Messieurs, une véritable passion; passion malheureuse sans doute, s'il faut en croire le dédaigneux effroi avec lequel plus d'une administration éloigne systématiquement de son sein l'élément médical, mais passion qui fait avec notre consolation notre gloire, j'en atteste ici les noms de Prunelle, de Terme, de Monfalcon, de Polinière!

Digne émule de ces citoyens éminents, Rougier, dans ses fonctions au Conseil d'hygiène, consacra sans réserve au service de ses semblables, les inépuisables ressources d'un esprit sérieux, l'élan d'un cœur naturellement dévoué à toutes les causes justes. Mais plus heureux encore, il eut une occasion officielle de porter à la connaissance et de l'autorité et du public, les bienfaits ainsi que les vœux de la médecine en ce qui concerne l'hygiène des masses. Sur la demande et aux frais de l'autorité supérieure, le Conseil, en 1860, publia le compte-rendu de ses travaux. Or, ce compte-rendu comprenait nécessairement un procès-verbal des opérations propres du Conseil, c'est-à-dire de l'examen auquel il se livre au sujet de chaque demande pour l'établissement d'une industrie, afin de juger si elle peut être autorisée, et de préciser les moyens capables d'en neutraliser ou d'en atténuer les inconvénients et les dangers.

Mais, au-dessus de cette tâche importante, Rougier en aperçut une autre plus vaste, plus féconde; et il ne voulut laisser à aucun de ses collègues l'honneur de l'entreprendre. Sous l'influence d'un administrateur habile, Lyon est en voie de se régénérer. A l'obscure, boueuse et fétide ville de nos pères, a succédé une cité propre, coquette, aux larges percées, aux spacieux trottoirs, aux squares pittoresques, qu'inondent l'air et la lumière. Rougier voulut faire ressortir le côté utile de ces changements qui ne frappent d'abord que les yeux. Le volume qu'il consacre à cette tâche ne comprend pas moins de 280 pages. Jamais sa plume nette et vive ne l'a mieux servi. Ses qualités de vrai journaliste, c'est-à-dire la promptitude et la profondeur du coup-d'œil, jettent l'intérêt et la clarté dans les questions les plus arides. C'était une rude tâche, avouons-le, Messieurs, que ce dénombrement de sujets si variés, si complexes. Passer de la description des promenades à celle des égoûts ; scruter le fonctionnement de nos hôpitaux à côté de celui des marchés; partout discuter en même temps qu'on expose, et toujours résumer la discussion par un conseil applicable ; se garder également de l'optimisme si tentant devant de si beaux résultats, et du pessimisme si naturel à celui que ses études ramènent toujours en face de la maladie et de la mort ; savoir donner ses vastes mais justes bornes à la compétence médicale ; ne la laisser ni plier sous l'arbitraire administratif, ni compromettre par un conflit avec d'autres compétences respectables au même titre qu'elle, voilà quelques-uns des écueils de ce travail en apparence si facile.

Rougier eut d'autant plus de courage à les affronter qu'il les connaissait déjà par expérience ; il eut d'autant plus de mérite à les vaincre que ses fonctions mêmes l'obligeaient à les aborder de front. Parlant au nom d'un corps constitué, notre confrère savait que chacun de ses arrêts, chacun de ses conseils allait puiser dans sa position une autorité décisive. Mais, s'il a senti cette haute responsabilité, il l'a, on peut le dire, dignement portée. Et sur aucun des points innombrables qu'il a jugés, ni la science, ni la société n'auront à reprocher à sa mémoire rien qui ressemble, même du plus loin possible, à un parti pris ou à une transaction de conscience.

Tel fut Rougier. Je ne ferais qu'honorer sa mémoire, Messieurs, en vous rappelant l'homme après le savant. Mais je lasserais sans nécessité votre attention. Qui de nous ne l'aperçoit ici présente, cette grande et noble figure ? Qui de nous n'y voit encore empreints l'inflexible respect pour les principe et la douce indulgence pour les hommes, qui, se la partageant ou s'y succédant avec la rapidité de l'éclair, semblaient se disputer le fond de son âme ? C'est l'avoir peint que d'avoir dit ses œuvres ; car sa vie ne fut qu'un long travail. Le travail avait été son but dès qu'il put comprendre à quel prix il se ferait une place dans le monde ; il devint sa consolation au milieu des coups redoublés qui, dès le milieu de sa carrière, le laissèrent presque seul survivant d'une famille qu'il couvrit à la fois de la plus tendre affection et de la protection la plus paternelle ; mais il sut s'en faire aussitôt un devoir, car c'était, avec la principale ressource, le meilleur exemple qu'il pût léguer à ses enfants. Aussi a-t-il soutenu, sans demander de trêve, le rude combat de la vie, ce vaillant soldat de la pensée et de l'action. Jamais il n'a passé à côté d'une vocation sans l'encourager de son exemple, à côté d'une misère sans la rendre tributaire de son désintéressement charitable. Et quand la mort est venue, plus réellement grand que le vieil empereur romain, elle l'a trouvé debout à tous ses postes, aussi bien que chrétiennement résigné à toutes les séparations.

A de tels caractères, la sympathie, l'estime universelles viennent sans effort, ni réserves. Mais viennent-elles dans une mesure équitable? Une simple invention mécanique, un aperçu paradoxal, la fortuite perception d'un fait plus ou moins rare, ne parviennent-ils pas trop souvent à balancer par leur prestige éphémère les bons et loyaux services d'une intelligence exclusivement vouée au culte du juste et du bien?....... On peut se le demander, Messieurs, à notre époque si facile à distraire de la vraie gloire par de vaines apparences; mais on se le demande sans découragement, en présence de l'attendrissement profond, du pieux respect avec lequel, et mieux que son impuissant panégyriste, chacun de vous, en ce moment, fait dans son cœur l'éloge de Rougier. L'homme qui, par ses vertus comme par ses qualités, a mérité de nous servir de modèle; l'homme qui si longtemps fut de cette Société le souffle et le moteur, a pour toujours sa place dans nos Annales. Tant qu'il en restera un feuillet intact, on l'y retrouvera vivant. Et si elles se perdaient, si l'histoire du passé pouvait périr, celle de l'avenir se chargerait à son tour de cette mémoire respectée : car il n'est pas un de nos perfectionnements, pas un de nos progrès futurs qui, leur en rappelant l'instigateur, ne redise éternellement à nos descendants le nom de Rougier!

www.ingramcontent.com/pod-product-compliance
Ingram Content Group UK Ltd.
Pitfield, Milton Keynes, MK11 3LW, UK
UKHW020456220726
13923UKWH00006B/2570